LE SEUL MOYEN DE S'EN TIRER.

RÉPONSE AU DÉFI DE M. THIERS.

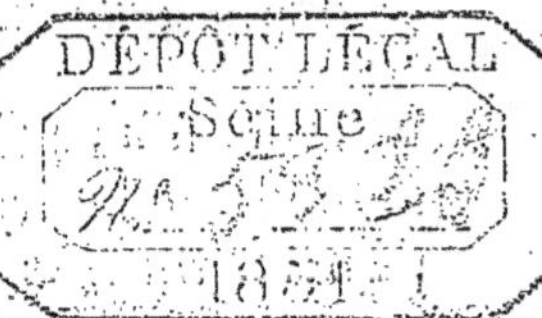

La France est en proie à des tortures sociales qui de toutes parts la déchirent profondément, et menacent bientôt de l'ensanglanter.

Rechercher la cause et l'origine de maux aussi désastreux, en exposer nettement la nature et le danger, indiquer enfin les remèdes à leur opposer, non pas de ces remèdes impossibles ou purement phraséologiques, mais des remèdes sérieux, pratiques, et d'un effet assuré ; tel est l'objet de cet écrit.

Atteindrai-je le but que je me propose, et alors même amènerai-je un résultat utile ?.... du moins j'aurai rempli un devoir.

Car ici ce n'est pas du *communisme* que je propose, — ce n'est pas non plus du *socialisme*, — ce n'est pas de la *réaction* ; — c'est la seule chose qui puisse concilier tous les intérêts ; — c'est de la justice, de la loyauté, de la fraternité ; — c'est de la *probité républicaine*, — pure, sincère, dépouillée de toute arrière-pensée et de tout intérêt personnel.

Et si M. Thiers, lorsqu'il a par deux fois, à la tribune, et comme avec défi, appelé à se produire, d'où qu'elle vienne, la solution du problème de la misère et du bonheur public, a parlé avec sincérité, je lui déclare que j'accepte le débat et que je suis tout prêt à soutenir contre lui la discussion, quelle que soit l'assemblée devant laquelle il voudra l'engager.

Et je dois dire ici tout d'abord que s'il faut savoir repousser les alarmistes et même les traiter de suspects lorsque leurs discours se bornent à semer l'inquiétude sans désigner aucun moyen de salut, il faut se garder bien plus encore de ces hommes aux vues étroites qui, n'éprouvant personnellement ni les étreintes du besoin, ni les influences de l'ambition, rejettent comme invraisemblables, comme impossibles les mille signes avant-coureurs de toute commotion sociale, pour ne les admettre et ne les comprendre que lorsqu'IL EST TROP TARD.

Loin de moi la pensée d'accepter le rôle odieux d'un alarmiste. Mais en cette circonstance extrême mon opinion, ma conviction sont telles que je croirais manquer au devoir de citoyen si je n'émettais nettement, et avec toute l'énergie dont je suis capable, les appréhensions et les moyens de salut que m'inspire le danger suprême dans lequel je vois la France engagée.

*** Cet écrit a été publié en septembre 1848. Le lecteur voudra bien se reporter à cette époque.

Que ne m'est-il donc permis d'espérer que nos gouvernants seront assez empressés, assez sages, pour saisir ce trait de lumière que je vais jeter devant eux.....; car c'est bien là, — et seulement là, — qu'est le salut de la patrie.

Trois faits principaux dominent et caractérisent la situation actuelle de la France : la *misère du peuple*, la *ruine du crédit*, l'*ambition des agitateurs*.

La misère du peuple.

La *misère du peuple* est à son comble. Elle dépasse tout ce que peuvent supposer et comprendre ceux qui ne l'ont pas vue de leurs yeux, ceux qui ne l'ont pas suivie dans les asiles si déchirants de la faim et du désespoir ; — et, toutefois, combien de gens encore qui ne croient pas à l'existence de la misère, et qui regardent avec méfiance quiconque propose ou réclame des mesures sérieuses, qui puissent bannir enfin de la France ce fléau si cruel, si fréquent, si dangereux.

Un mot à ces incrédules, à ces égoïstes insensés, car c'est d'eux surtout et de leur funeste aveuglement que naît le danger le plus redoutable, celui qui non-seulement s'agite aujourd'hui suspendu sur leurs têtes, mais qui menace aussi tous les autres membres de la bourgeoisie, même ceux qui sont le plus cordialement dévoués à ce peuple malheureux, lui qui, parmi la bourgeoisie, ne reconnaît comme amis que vingt ou trente noms tout au plus. Prouvons-leur par quelques mots bien simples, mais palpables, l'existence et l'intensité de cet horrible fléau, dont la cessation est aujourd'hui le problème le plus urgent et déclaré le plus difficile.

Comment n'existerait-elle pas depuis plusieurs mois la misère, et comment ne serait-elle pas cruellement affreuse, lorsque la plupart des industries et des travaux qui alimentent la classe ouvrière sont arrêtés depuis si longtemps en tout ou en partie? Des milliers d'hommes ne restent-ils pas inoccupés des semaines entières, des mois entiers? Eh bien! ont-ils des capitaux en réserve ces malheureux? ont-ils des propriétés? ont-ils des revenus autres que le produit hebdomadaire de leur travail journalier? S'ils possédaient en février quelques objets mobiliers, quelques vêtements en double, quelque mince bijou, n'ont-ils pas été forcés de les vendre, dès les premiers jours de chômage, ou de les livrer en gage contre quelque prêt insuffisant?

Et, pour comble d'infortune, le *Mont-de-Piété*, cette seule ressource du pauvre, en est devenu cette fois le suprême spoliateur. En effet, tant à cause de la dépréciation considérable des marchandises vendues à la criée, que par suite de l'insuffisance de sa caisse en présence de toutes les demandes de fonds, le Mont-de-Piété a tellement réduit l'estimation des nantissements, que les malheureux forcés de subir cette loi, ont dû jeter dans ce gouffre tous leurs vêtements, tous leurs objets mobiliers, pour n'obtenir qu'un secours si minime, qu'au bout de quelques jours ils se sont trouvés dans une position mille fois plus affreuse; car aux nouvelles tortures de la faim s'ajoutent maintenant la privation de leur linge, de leurs vêtements, de leur literie!!... Et l'hiver arrive à grands pas......

Ne perdons pas de vue qu'en ce moment il y a à Paris plus de 80,000 hommes, femmes ou enfants, réduits à cette extrémité..... Et en vérité peut-il être permis d'espérer que de tels hommes sauront résister au premier embaucheur qui se présentera les mains pleines, quelle que soit d'ailleurs la couleur de son drapeau, quels que soient le mot d'ordre et la consigne qu'il transmettra?

On le voit, tant qu'il demeure livré aux horreurs de la faim et de la misère, le peuple est une armée formidable, tout organisée, prête à marcher sous les ordres du premier intrigant qui saura faire croire qu'il a dans les mains un moyen quelconque de procurer le bien-être; surtout lorsque par des arrhes payées d'avance il semblera proposer en effet un marché ferme et sérieux.

Ayons donc le courage de reconnaître qu'il faut prendre quelque mesure en faveur de la classe pauvre; mais quelque mesure matérielle, positive, efficace, suffisante; qu'il est temps, grand temps,... et que ce qu'il faut c'est toute autre chose que des phrases, autre chose qu'un renfort de troupes, autre chose que le vote d'une constitution que vous devrez déchirer peut-être avant peu, et refaire sur de nouvelles bases.

La ruine du crédit.

La ruine du crédit, on le sait, est aussi positive, aussi extrême que la misère du peuple. Or, la ruine du crédit c'est la misère du commerce et de la bourgeoisie. Et ne vous le dissimulez pas, ce second fléau est aussi dangereux que le premier. Car plus que lui il semble être exclusivement le fruit de la république. Et si bien que pour ce seul fait nombre de gens, à la vue courte, déplorent et maudissent déjà leur enthousiasme de février, et que si la république n'arrive promptement à ramener et raviver le crédit, elle sera bientôt proscrite pour cela seul, abandonnée, repoussée et plus que jamais considérée comme impossible en France.

Au reste, les ennemis de la république l'ont si bien compris, que dans toutes leurs menées ils ont mis au premier rang tout ce qui pouvait aggraver la ruine du crédit et reculer son rétablissement. C'est ainsi que les banquiers, les capitalistes ont refusé et refusent encore obstinément leurs fonds, aux meilleures garanties, aux hypothèques les plus considérables; c'est ainsi que les banques ont refusé le papier le plus sérieux, le mieux couvert, etc., etc. Et c'est ainsi que la circulation moyenne, qui avant février s'élevait à 24 milliards, est tombée subitement par la retraite d'un quart au moins du numéraire (1 milliard sur 4 milliards), et des neuf dixièmes du papier (18 milliards sur 20), à un chiffre tellement insuffisant, que le peuple, la bourgeoisie, le commerce et les propriétaires eux-mêmes, se sont trouvés tous à la fois livrés à une gêne, cruelle pour un grand nombre, ruineuse presque pour tous. Comment en serait-il autrement? comment les affaires, les engagements pourraient-ils suivre leur cours, lorsque déjà fort difficiles en février au moyen d'un roulement de 24 milliards, ce roulement s'est trouvé subitement réduit à 5 ou 6 milliards?

Qu'on ne se fasse donc pas illusion; ce n'est pas avec quelque misérable expédient comme votre comptoir national, par exemple, qui livrerait au commerce l'aumône de quelques 30, 50 ou 100 millions, que vous rétablirez le crédit et la marche des affaires; ce n'est pas même avec deux et trois milliards; — il faut, et il faut absolument *six à huit milliards* (1) de valeurs solides, — et distribuées dans la France entière, — si vous voulez réellement relever le crédit, le travail, le commerce, les affaires privées et assurer à la république sa condition première de viabilité.

...... Et vous pouvez hardiment regarder comme *incapable* ou comme ennemi de la république quiconque soutiendra devant vous un système contraire.

Je dirai bientôt comment on peut livrer à la circulation ces 6 à 8 milliards de valeurs sérieuses.

L'ambition des agitateurs.

Qui pourrait mettre en doute la funeste influence des *agitateurs?* Mais tout le monde se rend-il bien compte de ce que sont ces agitateurs? A-t-on pris soin d'en distinguer toutes les classes, les espèces et les variétés? Que n'ai-je une plume assez légère, assez incisive pour exquisser ici une *physiologie de l'agitateur*; c'est un sujet que je conseille aux Paul de Kock, aux Charles Marchal. Je me borne à en essayer une *classification* raisonnée.

Les plus influents parmi les agitateurs ne sont pas les plus

---

(1) Je viens de constater un déficit de 18 milliards dans notre fonds commun de roulement. On demandera peut-être comment j'entends combler un tel déficit avec 6 ou 8 milliards de valeurs nouvelles. Mais ne voit-on pas que ces 6 ou 8 milliards de valeurs immobilières représentant un numéraire effectif comme les lingots et espèces enfouis dans les caves de la Banque, il n'en faudra pas davantage pour rappeler et remettre dans la circulation 10 à 12 milliards de valeurs de crédit, et sans doute encore une quantité beaucoup plus considérable.

dangereux. Livrés à leurs propres forces, les Henri V, les Louis Napoléon, les fils de Louis Philippe, etc., seraient tous parfaitement inoffensifs. Il n'y a donc pas à s'inquiéter de cette *première classe* des agitateurs, *les prétendants*.

La *seconde classe*, celle des *émissaires* directs de ces prétendants, n'est guère plus redoutable. Elle se compose en général de personnages élevés, distingués, qui n'ont en vue, les uns qu'une satisfaction d'amour-propre ou de sentiment personnel, et quelques-uns l'espoir d'un avantage matériel qui sera le prix du succès. Cette classe est également trop peu nombreuse pour qu'elle pût atteindre aucun résultat au sein d'une république solidement établie.

La *troisième classe*, celle des *sous-émissaires*, comprend des agents recrutés dans toutes les classes, à la faveur de promesses illimitées. Cette classe est beaucoup plus nombreuse; elle est aussi beaucoup plus dangereuse, parce que chacun de ses membres agit sous l'influence d'un espoir qui doit combler ses rêves les plus chers. C'est ici que l'agitation des prétendants commence à prendre quelque consistance, tout comme on distingue dans les fleuves et les rivières le lieu où ils commencent à être navigables ou flottables.

La *quatrième classe* est celle des *embauchés*, tapageurs soudoyés pour se montrer dans la rue, pour donner un corps à l'émeute, pour ramasser autour d'eux les mécontents et les insensés, qui le plus souvent, sans savoir pourquoi, ou fascinés par des promesses impossibles, vont bravement exposer leur vie pour ne gagner qu'un nouveau tyran.

Cette classe, quoique nombreuse et dangereuse, est néanmoins facile à maîtriser, car d'ordinaire elle n'agit que franchement et au grand jour. Pour la dissoudre et la faire à peu près disparaître il suffirait de la rendre contente et de faire droit à quelques justes réclamations.

La *cinquième classe* extrêmement nombreuse, celle des *émeutiers*, se recrute surtout parmi la classe ouvrière. Elle est entièrement formée de braves citoyens sans fiel et sans malice, qui, acceptant naïvement toutes fables, toutes promesses, toutes protestations, tombent sans défense la proie du premier émissaire, sous-émissaire ou embauché qui se prend à les endoctriner.

Cette classe est d'autant plus nombreuse qu'il y a dans l'Etat plus de malaise et plus de sujets de mécontentement. C'est elle qui au moment décisif agit et frappe le grand coup; c'est d'elle que dépend la victoire ou la défaite du prétendant; c'est sur elle que l'agitation déploie de longue main tous ses moyens, toute son influence; et par le fait un prétendant habile et sérieux n'arbore son drapeau et n'en vient aux armes que lorsqu'il est assuré d'avoir dans sa cinquième classe la moitié ou le tiers de Paris, une partie de l'armée et des fractions considérables de la province.

Cette classe est donc la plus à craindre et d'autant qu'il n'est aucun gouvernement qui pût ni l'empêcher de se former, ni la détruire que par un tel ensemble d'institutions sages et libérales que la grande majorité de la nation se reconnût et se déclarât heureuse et satisfaite ;... condition difficile sans doute, mais ni impossible, ni irréalisable, ainsi que je vais bientôt le démontrer.

Enfin, je range dans une *sixième classe* ce qu'on peut appeler les *hommes de parti*. Elle embrasse tous ceux à qui leurs principes politiques, leurs relations, leur opinion personnelle, ou l'opinion de leurs amis, font désirer le succès de tel ou tel prétendant. Ceux-là n'iront guère dans la rue se battre pour ou contre. Ils se bornent à former des vœux. Mais à l'occasion ils soutiendront par leur souscription, leur cotisation ou leur don volontaire, tel journal, telle mesure, telle entreprise, et souvent ils donnent ainsi au parti qu'ils ont adopté une puissance morale et une valeur politique que les cinq premières classes ne sauraient produire.

Malheur au gouvernement qui a contre lui ces six classes d'agitateurs tant soit peu fournies, réparties dans l'État et organisées ! Ses plus grands efforts, ses plus grands sacrifices, s'il ne s'appuie que sur les lois et sur la force armée, seront impuissants à le maintenir. Il pourra se conserver quelques mois, quelques années peut-être, mais un peu plus tôt, un peu plus tard, il mourra et il périra misérablement. Il n'y a pour lui qu'un seul et unique moyen de faire casser cet arrêt de mort : c'est de dissoudre les six classes d'agitateurs, non par le glaive, non par le feu, non par l'exil ; car, à chaque tête qui disparaît ainsi, il en succède deux autres au moins pour tenir sa place et la venger ; mais par des bienfaits et par un bien-être matériel répandu sur tous, tellement réel, évident, incontestable, que de toutes parts on ne puisse voir que piège, mensonge et fourberie dans le langage et les promesses des sous-émissaires et des embauchés.

On n'a rien fait encore pour arrêter le mal.

J'ai dit comme je les comprends les causes premières et générales du malaise excessif dans lequel la France est plongée ; il me reste à indiquer les moyens d'arracher la France à ce malaise, et de faire régner à sa place, sur tout le territoire, le bien-être pour tous, la paix, la confiance et la prospérité.

Je le répète, le mal est grave, sérieux, profond, et ce n'est point avec de vaines paroles, avec des promesses hypocrites, avec un semblant de philanthropie dérisoire, avec des expédients et des demi-mesures ridicules qu'on peut guérir le mal qui nous dévore..., comme aussi ce n'est pas par des moyens violents, inadmissibles, impraticables, ce n'est pas à l'aide de doctrines subversives et insensées qu'on peut assurer la paix et le bonheur de tous.

Et à voir l'insuffisance et la faiblesse, pour ne pas dire autrement, de tout ce qui a été dit et proposé à la Chambre par les Représentants du peuple, les élus de la France entière, n'est-on pas tenté de se laisser aller au désespoir le plus déchirant, celui qu'inspirerait la pensée que le problème de la misère du peuple et de la paix publique est un problème insoluble? ou faut-il seulement en conclure que la fatalité qui poursuit les peuples et les nations comme les simples individus, a voulu que parmi ces 900 élus du pays il ne se soit pas trouvé un homme capable de s'élever ou d'élever ses collègues à la hauteur du problème qu'ils avaient mission de résoudre.

Car en vérité le travail de l'Assemblée nationale est jusqu'ici pitoyable, sans valeur, sans portée; bien plus, il est fâcheux, il est funeste, car il est empreint de germes vicieux. Faut-il une preuve à tout cela? Voyez la république à deux doigts de sa perte. Toutefois, j'en conviens, on a vu se produire à l'Assemblée quelques bonnes idées, des sentiments généreux, des motions franchement patriotiques, et dans les bureaux, dans les commissions, il a été fait d'excellentes études et une somme effrayante de travaux. Mais pourquoi les meilleures propositions des comités, soumises par la discussion à l'influence des mauvais génies de la Chambre, ont-elles été aussitôt modifiées, dénaturées ou totalement repoussées? Pourquoi n'y a-t-il pas plus d'accord dans l'Assemblée? pourquoi n'a-t-elle pas plus de confiance dans les lumières et le dévouement des hommes spéciaux qu'elle charge d'élaborer les projets de lois? En un mot, pourquoi le scrutin de l'Assemblée n'est-il qu'un *si mauvais crible*, qu'il laisse tomber la meilleure semence et qu'il garde tant de mauvais grain?

Voies et moyens que je propose.

J'en viens donc à l'exposé des moyens que j'ai à proposer.

Quelle que soit la confiance que j'aie dans le système que je vais exposer, je ne mets pas en doute qu'il ne puisse être amélioré et utilement modifié dans l'exécution. Néanmoins, je suis bien convaincu que le nouvel ordre d'idées que je vais tenter d'introduire, est le seul dans lequel on peut espérer de trouver la conciliation de tous les intérêts, et la solution la plus satisfaisante pour tous du problème de la misère, du crédit et de la paix publique.

Pour être plus bref dans cet exposé, et pour regagner à mes idées et à mes opinions leur véritable date, je vais me borner à reproduire ici, en l'accompagnant de quelques commentaires sous forme de notes, une lettre que j'ai adressée au général Cavaignac au commencement d'août. Cette lettre contient, comme on va le voir, l'exposé succinct et précis de tout mon système. En l'écrivant au moment où Paris et la France entière étaient encore consternés par les menaces de vengeance que faisaient entendre de tous côtés les vaincus de juin, j'avais la confiance que je faisais une bonne action. J'espérais que le général trouverait dans ses bonnes et loyales intentions le courage de puiser quelques résolutions généreuses, au milieu des idées nouvelles que je lui soumettais..... Il n'en a pas été ainsi, et il ne m'a pas même été adressé un simple accusé de réception. Dix jours après, pour tenter un nouvel effort, j'adressai à M. Sénart, ministre de l'intérieur, une copie de cette lettre : même silence, même déception. Je l'adressai enfin à M. Tourret, ministre de l'agriculture et du commerce. Observant au moins les règles de la politesse, M. Tourret me fit répondre :

« Citoyen, j'ai reçu votre lettre en date du 26 août dernier, contenant
« l'exposé de vos idées sur les moyens qui vous paraissent les plus propres
« à améliorer la situation de l'agriculture française. Je vous remercie de cet
« envoi.

« Salut et fraternité.

« Le ministre de l'agriculture et du commerce,
« TOURRET. »

Voilà tout le résultat que j'ai obtenu auprès du pouvoir, de la lettre qu'on va lire, et qui toutefois contient la solution des problèmes les plus graves, les plus urgents, problèmes auxquels nos gouvernants, nos célébrités académiques, nos lumières officielles, nos chefs de progrès et de parti, n'ont su donner que des solutions négatives, illusoires ou impossibles.

Que ne peut-on dire au moins qu'ils ont fait de sincères efforts pour obtenir la solution de ces problèmes ! Mais bien loin de là, car ils ont tout fait au contraire pour éloigner, écraser, interdire même ceux qui, prenant au sérieux les besoins de la république, les misères du peuple et les difficultés de la situation, déployaient un génie surhumain à verser chaque jour sur toutes les questions des torrents de lumière, lumières qu'ils ont repoussées avec effroi, avec obstination, comme la nuit chasse sans cesse devant elle jusqu'aux derniers rayons du jour.

Système d'ensemble résumé dans une Lettre au général Cavaignac.

Ainsi que je l'ai annoncé, je transcris ici ma lettre au général Cavaignac, et j'y ajoute en forme de notes quelques développements ou commentaires.

Général ,

Les bruits alarmants qui circulent de toutes parts sur les complots formés parmi les vaincus de juin vous sont certainement connus. Vous savez, sans nul doute, que les barricades étant considérées maintenant comme impossibles, c'est par l'incendie surtout qu'ils comptent se venger !!

Dans tous les cas, un fait qu'il est bien moins permis de mettre en doute, c'est le malaise, la misère, l'exaltation et la détermination formelle d'une foule d'hommes qui pour avoir été vaincus en juin n'ont nullement changé de but, d'opinion et de résolutions. Car il est positif qu'il existe un nombre considérable de citoyens profondément irrités, qui n'attendent qu'une occasion favorable pour prendre une revanche épouvantable, et dans laquelle la plus grande partie des hommes élevés et précieux au pays, qui font sa gloire et sa puissance, seraient particulièrement poursuivis et spécialement désignés pour être les premières victimes.

Permettez-moi, Général, de vous exposer à cette occasion la manière dont je conçois qu'il serait possible de conjurer un tel orage, qui, si on le laisse éclater, doit faire de Paris un monceau de ruines et de la France un pays de misère et d'effroi. Je le ferai en aussi peu de mots que possible.

« Et d'abord, l'armée, la police, les lois, quelque habileté qu'on mette à les organiser et à en faire usage, n'empêcheront pas cet orage dévastateur de se former et d'éclater tôt ou tard, en tout ou en partie. Pour l'éloigner ou pour l'amoindrir, il n'y a d'autre moyen, je crois, que de l'absorber. *Et pour l'absorber*, il faut, 1° donner satisfaction à ceux qui fomentent et composent cet orage ; 2° faire disparaître plus ou moins complétement la cause même de l'orage.

« Or, la principale cause de l'orage, c'est l'ambition démesurée qu'excitent inévitablement ces positions supérieures et semi-supérieures qui comblent en effet ceux qui parviennent à s'en emparer, d'honneur, de puissance et de fortune, de fortune surtout... Ces 500 ou 600 places qui existent dans l'État et qui donnent avec elles des traitements de plus de 12,000 fr., voilà la cause éternelle de ces orages révolutionnaires si fréquents, et dont le prochain couvrira peut-être la France de cadavres et de ruines. Et joint à cela, le *cumul*, cet abus incontestable qui pour donner tout à quelques-uns dépouille tous les autres, voilà, vous le comprenez, Général, de quoi soulever inévitablement des milliers d'hommes et les porter à des excès d'autant plus désastreux et inattendus que par des lois plus sévères et des troupes plus nombreuses on les empêchera plus complétement d'user des moyens ordinaires d'obtenir justice ou satisfaction. Vouloir que celui qui n'a rien reste tranquille et satisfait en présence de celui qui, sans plus de droits, a su se faire tout allouer, c'est impossible.

« En conséquence, pour absorber ou conjurer l'orage qui menace tant de citoyens précieux et chers à la France, il faudrait, 1° qu'ils voulussent eux-mêmes voir et comprendre le danger qu'ils courent aujourd'hui, et s'exécuter de bonne grâce, c'est-à-dire abandonner ce qu'en bonne conscience ils se sont attribué de trop, pour faire la part de ceux qui ne peuvent consentir à n'avoir rien. Qu'ils se réservent une partie convenable et suffisante, rien de mieux, et personne ne songera à la leur disputer, si elle ne vaut plus la peine de risquer la vie pour s'en emparer.

« Ainsi, Général, vous sauveriez la France du danger le plus imminent et le plus désastreux, si, par votre puissante influence et pendant qu'il en est temps encore, vous obteniez :

« 1° Que tous les gros traitements fussent réduits à 10 ou 12,000 fr. maximum, et que les traitements subalternes, jusqu'à 3,000 fr., subissent nécessairement aussi quelque réduction (1) ;

« 2° Que tout *cumul* généralement quelconque fût aboli (2) ;

« 3° Que quiconque paie 1,200 fr. de contributions directes fût considéré comme assez riche, et dès lors inadmissible à aucun emploi *salarié par l'Etat* (3) ;

« 4° Que diverses places essentiellement honorifiques cessassent d'être rétribuées et fussent réservées à cette classe des hommes riches (4) ;

---

(1) Cette proposition soulève, surtout de la part des intéressés, des objections qui paraissent graves au premier abord. Je ne puis les discuter ici comme il conviendrait, une colonne du journal serait insuffisante. Mais je déclare qu'il n'en est aucune qui ne puisse être parfaitement réfutée. Qu'il me suffise de faire observer, que si les fonctions supérieures dans toutes les branches étaient gratuites et soumises à l'élection publique tous les deux, trois ou cinq ans, elles seraient par cela seul environnées de plus de prestige et d'autorité que ne peut leur en imprimer le plus gros traitement, et, en second lieu, considération qui doit dominer toutes les autres, que la suppression des gros traitements sera pour l'État la meilleure garantie de paix et de stabilité.

(2) Il faut n'avoir ni pudeur, ni conscience, ni aucun sentiment du bien public, pour oser défendre une opinion contraire ; et ici, je le répète, pour obtenir la paix à l'intérieur et de la stabilité dans une forme quelconque de gouvernement, il s'agit d'occuper le plus grand nombre possible d'individus pour qu'il ne reste que le moins possible de mécontents, recrues naturelles des diverses classes d'agitateurs. Toutefois, comme on ne peut pas créer un nombre illimité de places et de parts au budget, n'est-il pas tout simple de chercher à faire, avec ce qui existe, le plus grand nombre de satisfaits. Car, on le sait, on le voit tous les jours, le plus violent agitateur devient le conservateur le plus zélé le jour où son nom est inscrit dans les cadres du budget, même dans un rang secondaire, pourvu qu'il voie devant lui quelque moyen d'avancement.

Qu'il ne reste donc pas un seul exemple de cumul. Tout cumul est un vol au préjudice de tel autre candidat et un attentat à la paix générale. Or, maintenant, dans toutes les spécialités il n'y a pas qu'un seul homme de capable, il y en a dix, il y en a vingt.

(3) Tandis que c'est précisément la classe riche, celle qui a déjà le plus de superflu, qui puise le plus largement au budget. Rien n'est plus injuste, plus dangereux, plus antisocial.

(4) Cette mesure produirait à la fois plusieurs grands résultats. 1° Des sommes considérables deviendraient disponibles et permettraient de créer une administration nouvelle très-nécessaire (voy. le n° 6). 2° L'éclat et l'influence des places supérieures, qui exigent quelquefois beaucoup de représentation, s'augmenteraient dans ce système, au lieu d'être amoindris comme ils le seraient par une simple réduction du traitement, parce qu'il se présenterait comme candidats pour chaque position de ce genre un grand nombre d'hommes qui seraient heureux de consacrer une belle fortune à se faire gloire d'un titre qui les comblerait, en effet, d'honneur, la seule chose que le riche puisse ambitionner. 3° Il en résulterait infailliblement aussi une recrudescence de luxe et d'émulation dans la classe riche, émulation si dési-

« 5° Que désormais, aucun fonctionnaire ou salarié de l'Etat ne pût être nommé représentant du peuple, même en renonçant au traitement de son emploi (1) ;

« 6° Qu'après avoir placé une foule d'hommes pour remplir les vides faits par l'abolition du cumul (2), la totalité des fonds provenant de la réduction des traitements fût consacrée à *créer* en France *une branche d'administration toute nouvelle*, celle qui eût dû être créée des premières, celle qui *peut seule assurer aujourd'hui le salut de la patrie*, et bientôt en doubler la richesse et la gloire, une administration spécialement chargée d'assurer, par tous les moyens qui seraient mis en son pouvoir, *l'amélioration* et la transformation successive des terres incultes ou *trop peu fertiles*. La moitié, je puis dire les trois quarts des terres de la France sont de mauvaises terres, fort peu productives, et la plus grande partie de ces terres peuvent être converties en bons fonds, et aussitôt qu'elles seraient complétement amendées, produire régulièrement une ou deux fois plus qu'elles ne produisent aujourd'hui..... Là, là seulement est la solution de ce problème de la misère qui préoccupe à si juste titre, et je ne crains pas de porter à tous *le défi* de résoudre ce problème d'une manière *définitive* autrement que par l'amélioration des terres. Car c'est bien là le seul moyen d'assurer *des emplois, du travail et du pain à tout le monde, dans toutes les classes*, en même temps qu'un accroissement progressif de production et de richesse publique, une

---

rable, dans l'intérêt des arts et d'un grand nombre d'industries, etc., etc.

D'un autre côté, je ne prétends pas qu'il fallût indispensablement payer 1,200 fr. de contributions pour être admissible à ces hautes fonctions honorifiques et gratuites. J'admets à cet égard, au contraire, l'éligibilité de tous les citoyens. Mais je suppose que, dans de telles conditions, il ne se présentera guère pour candidats que des hommes à grande fortune ; c'est même chez eux que l'on verra peut-être plus de garanties d'indépendance et d'incorruptibilité. — Voici les places que je voudrais comprendre dans cette glorieuse catégorie : président de la république, ministres, président de l'Assemblée nationale, premiers présidents de toutes les Cours de la république, directeurs généraux de toutes les administrations, receveurs généraux, sans leur interdire toutefois les opérations de banque ; les plus hauts grades de l'armée, de la marine et de la diplomatie ; en un mot, toutes les premières places de chaque ordre et de chaque administration. Dira-t-on qu'on n'aura pas des hommes spéciaux et capables ? Ce serait une grande erreur ; car la classe des hommes riches est aujourd'hui si nombreuse, si éclairée, si laborieuse, qu'il se présentera, et en nombre, des hommes de mérite dans tous les genres, et auxquels le désir d'être réélus inspirera toute l'ardeur et l'assiduité nécessaires. Ne voit-on pas ce qui se passe pour les maires dans toute la France, et ce qui se passait pour les députés. Or, parmi les députés, n'y en avait-il pas un assez grand nombre de parfaitement désintéressés ?

(1) Je n'ai rien à ajouter à cela, si ce n'est à constater un fait : que le jour où l'Assemblée actuelle a émis dans l'une de ses premières séances un vote contraire à ce principe, ce jour-là même elle s'est dévoilée au pays, et a laissé complétement prévoir ses tendances et le malheureux ensemble de ses travaux.

(2) L'économie de cette disposition est à la fois de placer, c'est-à-dire de contenter le plus grand nombre possible de sujets, et en même temps de créer, sans plus de frais, tout une administration nouvelle ayant pour objet la réalisation de la réforme, qui sert de base à tout ce système, l'amélioration générale des terres trop peu fertiles.

augmentation de revenus pour le trésor, la possibilité d'une diminution considérable et prochaine des impôts, et une utilisation de l'armée, aujourd'hui si coûteuse et si improductive, et qui serait alors, à la fois, l'âme de l'ordre et de la fécondité (1).

« Et en même temps, Général, *pour faire droit aux besoins actuels du commerce*, besoins impérieux et par trop méconnus, ne serait-il pas urgent de décréter une émission considérable de bons hypothécaires ou autres, ayant cours forcé et *sérieusement garantis* par des valeurs immobilières suffisantes ?

« Il n'y a pas d'autre moyen, croyez-le bien, de sortir de l'affreuse position faite au crédit public et privé par la fatale nécessité dans laquelle l'Etat, le commerce et la bourgeoisie se sont vus de faillir à leurs engagements.

« Le crédit est ruiné ; il n'y a plus d'affaires qu'au comptant. Or le comptant est insuffisant, et, faute de comptant, il ne se fait plus d'affaires. Il faut donc accroître le comptant, c'est-à-dire le numéraire ; *et puisque nous n'avons pas de lingots à porter à l'hôtel des Monnaies*, portons à l'hôtel du Timbre et de l'Enregistrement des obligations valables, lorsque nous avons *tant de valeurs immobilières* pour répondre de ces obligations (2).

« Remarquez-le, Général, le parti seul des gros banquiers s'oppose à cette mesure, parce que la ruine du crédit, loin de pouvoir l'atteindre assez vivement pour lui faire ressentir les cruelles angoisses du besoin, doit, au contraire, l'enrichir dix fois plus. Aveugles, malheureux, ils ne voient pas, ils ne savent pas le danger qu'ils courent, eux et leurs ineptes partisans, en poursuivant aussi impitoyablement la ruine de la petite banque et du commerce. Peuvent-ils croire que tout le monde se laissera ruiner par eux et pour eux, de bonne grâce, sans mot dire et sans coup férir ?

---

(1) Il est évident que le corps du génie fournirait une grande partie des hommes nécessaires pour diriger les travaux d'amélioration de toute espèce, et l'armée proprement dite un grand nombre de bras fort utiles, en même temps qu'elle assurerait le bon ordre dans les ateliers, et qu'elle permettrait ainsi d'utiliser même les prisonniers. Car il ne faut pas se le dissimuler, à vouloir réaliser sérieusement la mesure que je propose, la classe ouvrière serait absolument insuffisante sur le plus grand nombre de points. Et ici je suis forcé de renvoyer ceux de mes lecteurs qui voudraient se faire une idée nette et complète de ce que sont ces travaux que réclame l'amélioration des terres, des résultats qu'on en peut attendre et des bénéfices considérables qui s'y rattachent, à ma *Géologie dans ses rapports avec l'agriculture et l'économie politique*, où cette grande question de l'amendement général des terres est traitée sous tous les points de vue et avec tous les développements que comporte une aussi grave question.

(2) Voir plus loin, dans le dernier paragraphe de cet article, l'immense et bienfaisant parti qu'on peut tirer de cette création indispensable. Je sais que cinquante ou cent projets divers ont été présentés à cet égard, et on assure que la commission et le ministre, épouvantés du travail qu'il y aurait à faire pour compulser tous ces projets, vont conclure au rejet pur et simple de la proposition. Ce serait une infamie, une lâcheté. Mais qu'ils me confient donc à moi-même pour 5 ou 6 jours cette masse de documents, et je me fais fort, aidé de quelques hommes de bonne volonté, d'en extraire un très-bon projet de loi ; car je ne mets pas en doute qu'il n'y ait au milieu de tous ces mémoires d'excellentes idées et des inspirations précieuses.

« Non, non. Entrons enfin, Général, secondés par votre ardent désir du bien public, dans des voies de justice et de raison.

« Il y a maintenant dans la population trop de lumières, trop de capacités, trop d'effervescence pour qu'on puisse espérer (quels que soient le système et les moyens de compression que l'on emploie) de l'étouffer et de la réduire au silence, à l'inaction et à aucune espèce d'asservissement *durable*… Au point où en sont les choses, c'est la moitié de la nation qui détruira violemment l'autre moitié, si celle-ci ne se hâte de faire disparaître toutes les causes et les prétextes plausibles de cette guerre d'extermination qu'un rien va suffire pour allumer d'un instant à l'autre… Car, tant que les trois mots, programme de la république, resteront inscrits sur le drapeau de l'État et ne recevront de lui qu'un démenti incessant et général, le peuple pourra se croire volé, trahi, et son idée fixe sera de reconquérir ses droits à tout prix.

« *En résumé*, dans ma pensée, il faudrait, 1° que la classe riche, *qui a déjà du superflu*, sût comprendre que, dans un esprit de paix et de conservation bien entendu, elle doit abandonner le partage du budget à la classe pauvre et moyenne, et se contenter de trouver dans l'État, — honneur, — appui, — sécurité.

« 2° Que le budget fût surtout utilisé à féconder le sol de la France pour rendre le pays partout fertile, c'est-à-dire partout riche, heureux et puissant.

« 3° Qu'en attendant, le commerce et la population entière trouvassent dans un crédit basé sur le sol lui-même, le moyen d'attendre que le sol ayant doublé de valeur et de fécondité, suffise à peu près seul à ses besoins et assure bientôt sa prospérité.

« Agréez, Général, etc.,

Telle est, à l'exclusion des notes, la lettre que j'ai adressée au général Cavaignac, et à laquelle, comme je l'ai dit, il n'a pas été seulement accordé un accusé de réception… Eh bien ! je le demande, a-t-on encore rien dit, rien proposé à la Chambre et en dehors de la Chambre qui vaille mieux que cela ; rien qui soit plus conciliant et qui puisse assurer plus certainement la satisfaction de tous, la paix générale ; rien qui puisse ramener plus promptement le calme, la confiance, le crédit et la prospérité dans le commerce et l'industrie ?

Eh ! que faut-il pour tout cela ? pas 1 million de plus de la part du budget, pas un centime de plus de la part des contribuables, pas un don volontaire ou forcé de la part de qui que ce soit, pas la moindre restitution de la part de ceux qu'à tort ou à raison on accuse d'avoir des fortunes mal acquises, pas de taxe nouvelle ou de nouvel impôt qui vienne frapper la classe riche ou toute autre classe, pas d'entrave d'aucune espèce qui puisse gêner le riche ou l'oisif dans la jouissance de sa fortune, de ses titres et de son oisiveté. Que faut-il donc ? une simple mesure de justice et d'équité : que le budget de l'État soit enfin reconnu comme étant le patrimoine de la classe moyenne et de la classe pauvre, et qu'une justice sévère préside à sa répartition. Que la classe riche (et je n'introduis forcément dans cette classe que ceux qui paient au moins 1,200 fr. d'impôt, et aussi, bien entendu, tous ceux qui à d'autres titres auraient d'une manière notoire 12,000 fr. de revenu et au-dessus) renonce à rien prendre au budget. Car, enfin, quiconque a 12,000 fr. de revenu a beaucoup plus que le nécessaire, et il peut encore par l'agriculture ou par l'industrie faire fructifier ce superflu et accroître considérablement sa fortune.

Rien n'est plus simple, plus équitable, plus facile d'exécution, plus immédiatement réalisable, et ceux que cette radiation ou cette réduction dans les faveurs du budget pourra exaspérer tout d'abord ou semblera blesser cruellement, ne devraient-ils pas au contraire s'estimer heureux qu'au prix de cette concession ils puissent jouir en paix de leur fortune et s'assurer enfin une position normale, durable, définitive. A ne vouloir faire aucune concession à ces millions de frères poussés les uns par la faim trop cruelle, les autres par l'ambition qui les égare, ne voient-ils pas ces mille glaives suspendus sur leur tête, et prêts à frapper, un jour ou un autre, des coups épouvantables?

Je crois avoir suffisamment démontré combien il est urgent et facile de réaliser les grandes réformes que je viens de proposer. — On a vu que ce serait mettre fin à toutes ces révolutions qui se succèdent à intervalles plus ou moins éloignés et dont l'une n'est pas plutôt accomplie qu'une révolution nouvelle est aussitôt conçue et préparée par les ambitieux détrônés et par ceux qui n'ont pu arriver aux emplois, au pouvoir. — On a vu que ce serait entrer enfin dans une ère durable de paix, de progrès et de prospérité générale.

Toutefois, il me reste à exposer plus nettement que je ne l'ai fait encore comment cette *réforme si pacifique, si économique* pourra, *sans dépouiller personne*, donner satisfaction à la classe ouvrière et à ces familles pauvres si nombreuses auxquelles ne restera toujours que la ressource de leur travail journalier.

Comment ce système assure immédiatement à la classe ouvrière l'aisance et la prospérité.

On a vu que je demande, d'une part, la mobilisation et la mise en circulation de 5 à 6 milliards de valeurs immobilières, et d'un autre côté, la création d'une administration spéciale chargée d'assurer l'amélioration, *c'est-à-dire la mise en plein rapport* des terres trop peu productives et de tous autres immeubles. Telle est, qu'on ne le perde pas de vue, *la base fondamentale de tout mon système.*

☞ Eh bien! à tout propriétaire qui viendra vous offrir

une terre en garantie d'une somme que vous aurez à lui remettre en billets de banque, ne pouvez-vous pas imposer l'obligation, comme complément de garantie, de faire exécuter les travaux d'amélioration qui seront reconnus nécessaires pour que cette terre ait et conserve toute la valeur dont elle est susceptible. Or vous aurez une administration organisée pour cela. Ne sera-t-il pas tout simple que vos agents se transportent sur la propriété, qu'ils apprécient contradictoirement et gratuitement les améliorations nécessaires, qu'ils en calculent tous les frais, et que l'administration supérieure, admettant, rejetant ou modifiant tout ou partie de cette estimation, retienne sur la somme à prêter à l'emprunteur le montant des réparations jugées les plus indispensables pour les faire exécuter elle-même par ses agents, ou une somme double pour ne la remettre à l'emprunteur qu'après qu'il aura lui-même fait exécuter ces réparations, s'il demande à les faire lui-même.

Ne voyez-vous pas dans cette simple indication une source immense et inépuisable de travaux de toute espèce s'ouvrant immédiatement sur la France entière, travaux surveillés et contrôlés par une administration toute spéciale ?

Or, non-seulement ces travaux ne coûtent pas un denier à l'État, mais ils l'exonèrent au moment même de ces distributions ruineuses et improductives qu'il est forcé d'accorder aujourd'hui à la classe pauvre. Et d'un autre côté, cette administration nouvelle, si nombreuse, qui lui aura permis de donner satisfaction à des ambitions honorables, à des droits légitimes, ne lui coûte non plus que le soin de modifier plus équitablement les allocations affectées jusqu'ici à d'autres services. Bien plus encore, ces travaux préparent au trésor des ressources toutes nouvelles, en permettant à l'impôt des droits plus élevés sur les immeubles améliorés et devenus plus productifs.

Remarquez que parmi les emprunteurs que vous soumettrez à des réparations nécessaires comme complément de garantie, se trouveront non-seulement des propriétaires fonciers, mais des propriétaires de mines, d'usines, de bâtiments et maisons de toute espèce. C'est donc alors des travaux de toute nature que vous organisez sans bourse délier, et en si grande masse, que la population ouvrière devenant très-insuffisante, on devra laisser l'armée elle-même prendre part aux travaux, résultat d'ailleurs très-désirable.

Or, qu'adviendra-t-il de cette recrudescence de tous les travaux si subite et si inespérée ? Il adviendra ce qui ferait malheureusement défaut dans toute autre combinaison, c'est que cette grande création de monnaie immobilière tournera expressément au soulagement immédiat de la classe ouvrière, et comblera ainsi admirablement cette transition si difficile de l'état actuel des choses, si précaire, si désespérant, à cet état si rassurant au contraire dans lequel se trouvera la France lorsqu'une grande partie de ses terres, de ses mines et de ses usines se trouveront réparées et mises en plein rapport.

Alors, au lieu de subsistances insuffisantes, comme nous les avons, à l'exception de la présente année, insuffisance qui nous force à livrer à l'étranger nos millions par centaines, nous aurons des récoltes si abondantes que la vie sera partout à bon marché, et que nous pourrons même fournir à nos voisins. Alors nos mines et nos usines produiront en quantité plus que suffisante bon nombre de matières premières et d'objets fabriqués, que nous ne cessons d'appeler de l'étranger, sans nous mettre en peine de la diminution du numéraire qui en résulte chez nous et de la décroissance de nos moyens de crédit. Alors, et continuant d'ailleurs de fertiliser le sol de plus en plus, nous aurons par cela seul assuré le bien-être de tous ; car il n'y a pas de pauvres, il n'y a pas de familles misérables là où le sol est fertile et richement cultivé, à moins d'exubérance de population, ce qu'une administration sage et éclairée sait et peut toujours empêcher.

Je termine et je déclare que je ne connais pas d'objection sérieuse à l'ensemble de ce système ; aussi me fais-je fort de résoudre toutes les difficultés de principe ou d'application qui me seraient opposées, et jusque dans les moindres détails d'exécution.....

Conclusion.

En d'autres termes, voilà un projet qui incontestablement résout, d'une manière satisfaisante pour tous les intérêts, tout ce qu'a de plus grave et de plus difficile la situation actuelle.

On voit qu'il a pour base fondamentale une grande réforme agricole, je puis dire la plus grande, la plus urgente et justement celle dont on s'est le moins préoccupé jusqu'ici, *l'amélioration des terres peu fertiles.*

Que les membres de l'Assemblée nationale et du Pouvoir exécutif demeurent à jamais responsables des malheurs qui menacent aujourd'hui la France, si par incurie ou par faiblesse ils manquaient à leur devoir de puiser dans ce nouvel ordre d'idées le remède souverain qu'il renferme.

Nérée Boubée.

Extrait de la Réforme Agricole, septembre 1848.

www.ingramcontent.com/pod-product-compliance
Lightning Source LLC
Chambersburg PA
CBHW061901080726
47597CB00010BA/4352